HOTEL WAGRAM
Rue de Rivoli, PARIS

10 Juillet 1920

A SON EXCELLENCE DAVID LLOYD GEORGE
PREMIER MINISTRE

Le 19 mars dernier, au cours de son entrevue avec vous, la Délégation indienne pour le Califat a eu l'honneur de soumettre à votre examen et à celui du Gouvernement de Sa Majesté, les vues et sentiments du peuple de l'Inde en ce qui concerne l'avenir du Califat et le Traité de Paix avec la Turquie. Nous avons saisi l'occasion, conformément à notre mandat, de vous exposer avec soin les obligations que la religion impose aux Musulmans, pour le maintien du Califat et les questions connexes. Ces obligations ainsi que nous l'avons dit, devraient être respectées dans toutes propositions que le Gouvernement de S. M. et les Alliés pourraient formuler, si on veut, une paix durable avec le Gouvernement de S. M. le Sultan Calife de l'Islam.

Entre autres choses, nous espérons avoir clairement fait comprendre que les deux bases fondamentales de la foi musulmane, dans cette question, sont le maintien de l'intégrité du territoire, l'indépendance politique de l'Empire du Califat et l'inviolabilité du Djeziret-ul-Arab, la Terre Sainte de l'Islam. Nous avons indiqué que, notre peuple n'était pas opposé aux changements politiques conformes aux bases sur lesquelles l'Armistice avec la Turquie a été conclu, garantissant aux nationalités turques vivant dans les limites de l'Empire ottoman, un gouvernement autonome, sans porter préjudice au statut et à la dignité de la Turquie en tant qu'État souverain, mais que l'empire ottoman lui-même, dont le démembrement entraînerait la destruction du Califat, devait être maintenu dans son intégrité.

De la réponse que vous avez faite à la Délégation, il ressortait clairement que le point de vue des Musulmans et du peuple de l'Inde en général, exposé par la Délégation, n'avait pas vos sympathies, ni les suggestions et propositions qui vous étaient faites, votre approbation; il y avait également dans votre réponse des affirmations auxquelles la Délégation aurait voulu présenter ses objections, et que nous aurions été heureux de discuter avec vous en cette occasion. Mais comme les conditions de l'entrevue ne l'ont pas permis, la Délégation a discuté, par la suite, dans la Presse et autrement, celles de vos affirmations qui ne lui paraissaient pas bien fondées. Nous avons aussi été en correspondance avec votre Secrétaire particulier, pour obtenir la confirmation nécessaire de l'authenticité des statistiques concernant la population, etc., sur lesquelles vous sembliez vous appuyer dans les observations que vous avez faites à la Délégation. Mais, jusqu'ici nos efforts n'ont abouti à aucun résultat satisfaisant et les renseignements réclamés à plusieurs reprises ne nous sont pas encore parvenus. Depuis l'entrevue que vous avez accordée à la Délégation, le texte du projet de Traité de Paix avec la Turquie a été remis aux plénipotentiaires du Gouvernement turc à Paris. Quelques observations sur le dit traité ont été remises aux Alliés par Son Excellence Damad Ferid Pacha, Grand Vizir de Turquie, sous sa seule signature.

Les membres de la Délégation ont soigneusement étudié ces deux documents, et considèrent de leur devoir de soumettre les observations suivantes à l'examen du Gouvernement de S. M. et de ses Alliés...

Nous ne croyons pas qu'il soit encore nécessaire, maintenant, d'exposer avec plus d'insistance que le Traité de Paix avec la Turquie qui affecte l'existence et l'avenir du Califat et du Djeziret-ul-Arab, est une question à laquelle les Musulmans de l'Inde sont aussi profondément intéressés que les Turcs et les Arabes eux-mêmes. Nous pouvons rappeler ici que la députation qui a été envoyée au Vice-Roi des Indes à Delhi, le 19 janvier dernier, pour demander qu'on prenne les dispositions permettant à notre Délégation de se rendre en Europe et en Amérique, a établi dans le langage très net du manifeste présenté à S. Exc. que même si les Turcs Ottomans étaient amenés à acquiescer à un règlement tel que celui qui a été proposé depuis : « il resterait néanmoins inacceptable pour tout Musulman croyant ».

Après un examen attentif des clauses du projet de Traité de Paix avec la Turquie, la Députation n'éprouve aucune hésitation à déclarer que c'est un traité dont les intentions implicites et les effets violent directement la conscience musulmane. De plus, nous sommes convaincus qu'il ne peut manquer d'être également réprouvé par nos compatriotes non-musulmans des Indes, en général, qui, ainsi que vous le savez, sont de tout cœur avec leurs compatriotes musulmans dans cette question, aussi bien pour la raison ci-dessus exposée, que pour le caractère général de ce traité qui est injuste et dur.

C'est avec un profond regret que la Délégation constate que les considérations qu'elle a portées à votre connaissance dans l'interview du 19 mars dernier, y compris un exposé des graves et imprescriptibles obligations religieuses des Musulmans en ce qui concerne le Califat et le Djéziret-ul-Arab, sont ignorées et dédaignées dans ce traité. Elle ne peut que déplorer que le Gouvernement de Sa Majesté, ainsi que le prouvent avec évidence, les articles et même la teneur entière du Traité, qui a été remis aux plénipotentiaires turcs au nom de la Grande-Bretagne et de ses alliés, ait si peu tenu compte des droits de conscience et des exigences religieuses de cent millions de Musulmans, loyaux sujets de Sa Majesté.

Indépendamment de ce que les Turcs peuvent faire ou ne pas faire, la Délégation doit déclarer hautement que le Traité en question est, et restera, inacceptable pour ceux qu'elle à l'honneur de représenter. Les Musulmans de l'Inde n'ont d'autre alternative que de déclarer sans hésiter leur refus pur et simple de reconnaître le Traité dans sa forme actuelle, et nous nous permettons d'attirer votre attention et celle du Gouvernement de Sa Majesté sur certains articles de ce traité qui vont directement à l'encontre des obligations et des exigences de la foi de l'Islam.

Nous citerons, en premier lieu, l'article 139 du Traité ainsi conçu :

« La Turquie renonce expressément à tous ses droits de suzeraineté ou de juridiction, de quelque nature qu'ils soient sur les Musulmans soumis à la souveraineté ou au protectorat de tout autre État.

« Aucun pouvoir ne sera exercé directement ou indirectement, par aucune autorité ottomane quelconque dans les territoires détachés de la Turquie ou ayant actuellement un statut reconnu par la Turquie en vertu du présent Traité. »

Il est évident que la Turquie n'a et ne pourrait avoir « aucun droit de suzeraineté ou de juridiction » sur les Musulmans qui ne sont pas ses sujets; mais il est également évident que le Sultan de Turquie a, et doit continuer d'avoir, en tant que Calife et aussi longtemps qu'il possédera cette qualité, des droits très étendus de juridiction « sur les Musulmans soumis à la souveraineté ou au protectorat d'autres Etats ». La loi de l'Islam décrit clairement le caractère et l'étendue de cette « juridiction » inaliénable de la fonction de Calife, et nous ne pouvons que protester énergiquement contre cette tentative indirecte, mais qui n'en est pas moins réelle, de la part de la Grande-Bretagne et de ses alliés, de forcer le Calife à abandonner cette « juridiction », ce qui impliquerait forcément son abdication du Califat. Ceci, nous nous voyons obligés de le déclarer, constitue une grave et intolérable atteinte portée aux lois religieuses et fondamentales de l'Islam. Et il nous faut faire observer que tout ceci est d'autant plus surprenant que le Gouvernement de Sa Majesté a déclaré à plusieurs reprises que la question du Califat regardait les Musulmans seuls et qu'eux seuls avaient à en décider.

De même, l'article 131 du Traité d'après lequel :

« La Turquie renonce définitivement à tous ses droits et privilèges qui, en vertu du traité de Lausanne, du 12 octobre 1912, avaient été réservés au Sultan en Libye », est une atteinte directe à des droits que détient le Sultan, en sa qualité de Calife, droits spécialement sauvegardés et réservés par le dit traité de Lausanne.

Au cours de l'entrevue que nous avons eue avec vous, le 19 mars dernier, nous vous avions formellement déclaré conformément à nos instructions, que la loi de l'Islam excluait catégoriquement toute forme de contrôle non musulman sur le Djéziret-ul-Arab, Terre Sainte de l'Islam, qui comprend la Syrie, la Palestine et la Mésopotamie et qu'en conséquence, aucune domination non musulmane sur ces régions — que ce soit sous la forme de « mandats » ou sous toute autre forme, — ne pourrait jamais être acceptable pour les Musulmans. Nous voyons que les article 94 et 97 du Traité de Paix, dans leurs rapports avec les articles 22 et 132, ne tiennent aucun compte de cette exigence catégorique et inaliénable de la foi musulmane, confirmée par une application pratique ininterrompue de plus de treize cents ans.

Les injonctions du Prophète à son lit de mort ont fait des Musulmans, les seuls mandataires dans ces régions sacrées, et ils ont le droit d'attendre de la Grande-Bretagne et de ses Alliés la reconnaissance pure et simple dans le Traité du « caractère sacré reconnu par les Musulmans de tous pays » et le respect des préceptes de la loi coranique, non seulement en ce qui concerne la Mecque, Médine et les fondations pieuses qui y sont établies, et dont il est déjà parlé dans l'article 99, mais encore en ce qui concerne l'étendue entière du Djéziret-ul-Arab, dont la sainteté est largement reconnue et solidement établie sur des préceptes religieux de même valeur. Le fait de demander au successeur de ce même Prophète qui a donné aux Musulmans un mandat sur ces régions sacrées, d'y accepter la doctrine d'autres mandats en contradiction absolue avec ce qui est dit plus haut, et de s'engager d'avance à accepter « toutes décisions qui pourront être prises relativement aux questions » concernant ces régions, de renoncer « en faveur des Principales Puissances alliées à tous droits et titres auxquels il pourrait prétendre, à quelque égard que ce soit sur ou concernant ces territoires », lui demander de « reconnaître et agréer les dispositions qui sont ou seront prises par les Principales Puissances alliées en vue de régler les conséquences de la disposition qui précède », tout cela constitue un intolérable outrage non seulement à sa propre conscience, mais aussi à la conscience de tout Musulman.

En dehors des considérations religieuses citées ci-dessus et qui, après tout, constituent des considérations personnelles aux Musulmans, dans ces questions, les mandats proposés vont à l'encontre de toutes les doctrines du « droit des peuples à disposer d'eux-mêmes » sur lesquelles vous sembliez tant insister lors de votre entrevue avec la Délégation. Nous vous rappelons à cette occasion que lorsque la Délégation vous suggéra qu'on pourrait bien laisser aux Musulmans le soin de trouver un arrangement qui donnerait aux Arabes l'indépendance qu'ils désirent, en respectant l'intégrité de l'Empire Ottoman et du Califat, vous lui avez fait remarquer ceci « Les Arabes ont réclamé leur indépendance ; ils ont proclamé Fayçal roi de Syrie ; ils ont demandé à être affranchis de la domination turque ; est-ce à dire qu'ils doivent rester sous la domination turque simplement parce qu'ils sont Mahométans ? »

Nous prendrons la liberté de vous rappeler que si les Arabes, qui forment une écrasante majorité dans ces régions ont demandé leur indépendance, ils ont clairement manifesté qu'ils la voulaient affranchie de l'oppression de ces soi-disant mandats, et leur revendication d'être débarrassés de la domination turque, n'est en aucune manière une revendication d'être soumis à « l'avis et l'assistance » d'un mandataire des Puissances alliées.

Si, toutefois, on a vraiment l'intention d'appliquer le principe de la liberté des peuples à disposer d'eux-mêmes, il faut l'appliquer sans tenir compte des désirs et des intérêts des puissances étrangères avides d'exploiter des régions et des peuples exposés aux dangers d'une domination étrangère parce qu'ils manquent de protection. Les Congrès arabes ont toujours déclaré sans équivoque qu'ils ne voulaient ni protectorats, ni mandats, ni contrôle économique sous quelque forme que ce soit, et la Délégation répétant une fois de plus que les Musulmans eux-mêmes, peuvent parfaitement bien trouver un arrangement amical qui puisse concilier les revendications des Arabes et des Turcs selon la loi de l'Islam, ne peut manquer de donner son appui aux Arabes lorsqu'ils réclament d'être complètement libérés du contrôle de mandataires nommés par les Alliés.

Il nous faut cependant établir clairement, une fois de plus, que nous basons notre attitude sur les principes éternels et immuables de l'Islam, et que nous la maintiendrons sans tenir compte de l'attitude qui pourrait être adoptée dans des circonstances spéciales, par les Arabes habitant ces régions qui ne sont pas seulement le pays des Arabes, mais qui forment le domaine sacré de l'héritage commun de tous les Musulmans.

En ce qui concerne la Palestine, en particulier, la Délégation désire établir que l'article 99, comprenant la déclaration du Gouvernement britannique, du 2 novembre 1917, est extrêmement vague, il n'y est nullement expliqué quelles seraient les relations du soi-disant foyer national du peuple juif qu'il se propose d'installer en Palestine, avec l'Etat que l'on souhaite d'y fonder. Les Musulmans du monde entier n'ont pas à être honteux de leurs rapports avec leurs voisins juifs et peuvent défier, sous ce rapport, toute comparaison et la Délégation au cours de son entrevue avec vous, a cherché à établir clairement qu'il n'était pas douteux que les revendications raisonnables des Juifs dans leur désir d'un foyer national, ne soient acceptées par le Gouvernement musulman de la Palestine. Mais si l'on veut que la petite minorité juive en Palestine exerce sur les Musulmans, qui forment les quatre cinquièmes de la population, une domination quelconque, ou maintenant, ou dans l'avenir, quand les chiffres de cette minorité auront été enflés par l'immigration la Délégation s'oppose absolument et catégoriquement à ces projets.

Quant au Hedjaz, l'article 98 qui oblige la Turquie non seulement à le reconnaître comme un Etat libre et indépendant, mais à y renoncer à tous droits et titres, sans faire mention des droits et des prérogatives du Calife en tant que protecteur des Lieux-Saints, cet article est également, et restera toujours, inacceptable pour le monde musulman. La Délégation dans son entretien avec vous, a particulièrement insisté à déclarer que le Calife est le serviteur des Lieux-Saints et doit en rester toujours le gardien; aucune tentative de modifier la constitution du Califat et de restreindre ses droits et prérogatives dans les « harems » de la Mecque, de Médine et de Jérusalem ne sera jamais tolérée par les Musulmans du monde entier.

De plus nous ferons remarquer qu'il est absolument indispensable de préciser et d'éclaircir l'article 100. D'après cet article et par cette complète « égalité de traitement » qu'on veut « assurer sur le territoire du Hedjaz aux personnes ressortissant de l'une quelconque des Puissances Alliées », on abolit une habitude consacrée et bien connue d'après laquelle « suivant les préceptes de la loi coranique » les non Musulmans étaient exclus des zones prohibées. S'il en est ainsi, les Musulmans doivent s'opposer à de tels empiètements.

Dans les paragraphes précédents nous nous sommes occupés des articles de ce projet du traité, qui contrecarrent directement les obligations de la loi de l'Islam. Mais pour nous, et pour ceux que nous avons l'honneur de représenter, les nombreux articles qui tendent isolément, ou par leurs efforts cumulés, à miner l'Indépendance et le pouvoir temporel du Califat, qui sont les conditions indispensables de son existence comme l'institution la plus essentielle de l'Islam, ne sont pas moins inacceptables.

Dans votre entrevue avec la Délégation, vous aviez mentionné la controverse violente qui avait fait rage pendant plus d'une génération au sujet du pouvoir temporel de l'Eglise catholique romaine, et l'opinion émise par des Musulmans sincères, zélés et très sérieux, qui avaient sur le pouvoir temporel du Califat des vues très différentes de celles que la Délégation avait été chargée de vous exposer, et vous ajoutiez qu'en conséquence vous ne désiriez pas entrer en discussion, « sur des sujets dans lesquels des gens de même foi avaient des opinions différentes ». Nous ne savons pas à quelle secte « de Musulmans sincères et zélés » vous faisiez allusion; car, quoique l'Islam, comme les autres religions, ait une certain nombre de sectes, nous n'en connaissons pas qui ne considèrent le pouvoir temporel comme l'essence même du Califat. Le Gouvernement des Indes à déjà reçu de longues déclarations juridiques de l'Uléma des Indes, qui doivent, nous le présumons, avoir dissipé tout malentendu à cet égard, et toute comparaison avec d'autres religions ne peut servir qu'à embrouiller et obscurcir les choses les plus claires.

Le manifeste adopté par la Conférence de toutes les Indes pour le Califat, au cours de sa cession du mois de février derniers, à Bombay, est en parfait accord avec cette affirmation très nette.

Ce manifeste, qui forme le mandat de notre Délégation, déclare :

« Les revendications relatives au Califat consistent à laisser
« l'Empire turc tel qu'il était au début de la guerre; cependant, bien que les allégations relatives à la mauvaise administration turque ne soient pas admises, les nationalités non
« turques pourraient, si elles le désirent, obtenir, dans le cadre
« de l'Empire ottoman, toutes garanties d'autonomie qui seraient
« compatibles avec la dignité d'un Etat souverain. »

Telle est la revendication que nous devons persister à faire valoir, et selon les termes de ce manifeste :

« La moindre réduction des revendications musulmanes constituerait non seulement une violation des sentiments religieux
« les plus profonds des Musulmans, mais encore une violation
« flagrante des déclarations et promesses solennelles faites ou
« données par des hommes d'Etat responsables, représentant les
« Puissances alliées et associées et faites à un moment où l'on
« était anxieux d'obtenir l'appui des peuples et des soldats
« musulmans. »

Au cours de son entrevue avec vous, vous fûtes assez bienveillant pour admettre devant la Délégation que le Gouvernement de S. M. reconnaissait que « les Musulmans de l'Inde auraient le droit d'être entendus dans ces questions qui affectaient particulièrement l'Islam », et vous avez continué en disant que le Gouvernement de Sa Majesté les avait écoutés et non seulement écoutés, mais « avait considéré largement leurs vœux, en ces matières », et que « le Traité tenait grandement compte de l'opinion des Indes et en particulier de l'opinion des Musulmans des Indes ». Vous vouliez sans doute faire allusion à la proposition qui était faite de laisser Constantinople aux Turcs, comme capitale de leur empire. A ce sujet nous désirons vous rappeler la garantie que vous avez donnée, le 5 janvier 1918, et que vous avez confirmée dans le débat sur Constantinople à la Chambre des Communes, le 26 février 1920, comme ayant été consentie en plein accord avec tous les partis, avec le consentement, et sous la forme d'un engagement national, soigneusement préparé, spécifiquement et sans restrictions — cette garantie comprenait non seulement Constantinople, mais aussi « les terres riches et renommées de l'Asie-Mineure et de la Thrace » où vous reconnaissiez que « la race turque était prédominante ». Mais il est clair que ce traité ne laisse même pas Constantinople aux Turcs au sens réel du mot : avec une garde personnelle du Sultan composée de sept cents hommes chargés de défendre Sa Majesté contre ses ennemis alors qu'il est sous les feux de leurs canons, il reste bien évident qu'il est sans moyens de défense et d'après vos propres déclarations à la Chambre des Communes, il est bien clair que c'est intentionnellement qu'on veut qu'il soit sans moyens de défense. De plus, la multiplicité des contrôles prévus dans les différents articles du traité pour la zones des détroits, qui comprend la totalité de cette petite enclave turque, et sur les forces armées de la Turquie, en général, dépouille le Sultan de tous ses droits souverains dans sa propre capitale, et n'en fait rien moins qu'une prison dans laquelle le chef du Monde musulman, ne serait pas autre chose qu'un otage entre les mains des Principales Puissances Alliées. Nous avons déjà protesté contre l'occupation de Constantinople par les troupes anglaises dans des circonstances d'extrême injustice, d'extrême illégalité et de cruelle violence et il ne paraît pas nécessaire de vous rappeler que de toutes les Puissances ennemies, la Turquie seule a été choisie pour cette forme d'injustifiable coercition, dont il serait impossible de trouver l'équivalent. Ceci ne démontre certainement pas une déférence quelconque aux vœux des Musulmans, mais donne à penser, au contraire, que la discrimination a été appliquée contre la seule Puissance musulmane qui s'était rangée contre les Alliés dans la guerre.

Quant à la Thrace et à Smyrne, on a été jusqu'à écarter les apparences du maintien de la souveraineté turque, et, à ce sujet, la situation aujourd'hui ne peut pas être mieux définie que par vos propres paroles. Dans le cours de votre discours à la Chambre des Communes, le 26 février 1920, vous avez déclaré en vous reportant à votre garantie, du 5 janvier 1918, que « la population musulmane des Indes était inquiète et avait besoin d'être rassurée... ici (en Angleterre) nous faisions un effort tout particulier pour intensifier la production, pour les besoins de la guerre, et aux Indes nous faisions des efforts tout particuliers pour recruter des soldats. Il nous fallait envoyer en France tous les hommes que nous pouvions nous procurer, et ce qui s'est passé trois ou quatre mois plus tard a prouvé combien il était important d'obtenir de l'Orient tout l'appui que l'on y pouvait trouver pour faire la guerre en Turquie. Quel fut le résultat de cette déclaration? Le résultat de cette déclaration a été qu'aux Indes le recrutement a augmenté sensiblement à partir de ce moment. Ils n'étaient pas tous Mahométans, mais il y avait des Mahométans parmi eux... On oublie trop souvent que nous sommes la plus grande Puissance mahométane du Monde. Un quart de la population de l'Empire britannique est Mahométane. Le trône anglais n'a pas eu de plus fidèles adhérents, il n'y a pas eu plus d'appui, plus effectif et plus loyal, que celui des Mahométans de l'Inde aux heures d'épreuves de l'Empire; nous leur avons donné une garantie solennelle et ils l'ont acceptée, et ils sont inquiets de nous voir nous en départir. L'Inde a volontairement envoyé à notre secours 1.160.000 hommes qui se sont engagés pendant la guerre et en comptant ceux qui se sont engagés pendant et avant la guerre cela fait près d'un million et demi, nous n'aurions pas pu conquérir la Turquie sans leur aide, nous n'avions pas les troupes nécessaires: il y eut des divisions mahométanes qui combattirent brillamment pendant toute cette campagne turque; sans leur appui nous n'aurions jamais conquis la Turquie. »

« Pouvions-nous leur manquer de parole à l'heure de la victoire? Telle était la question qui se posait pour nous. Il était possible de leur dire : « Les circonstances ont changé... » Oui, vous auriez pu le déclarer, mais je vais vous dire ce qu'ils auraient répondu. Chaque fois que la parole britannique aurait été donnée de nouveau en Orient, ils auraient dit : « Oui, vous avez bien l'intention de tenir votre parole, mais quand l'heure sera venue, vous trouverez toujours d'une manière ou d'une autre des raisons irréfutables pour ne pas la tenir. » Rien ne serait capable de causer un plus grand dommage à la Puissance britannique en Asie, que le sentiment que la parole britannique est une parole à laquelle on ne peut pas se fier. Voilà le danger! Et il est évident que ce serait pour nous une réputation fatale. »

Le danger auquel vous faisiez allusion à cette occasion non seulement existe encore aujourd'hui, mais il existe dans de plus grandes proportions qu'auparavant, et nous nous permettrons donc de dire respectueusement et avec insistance que si « la réputation fatale » que vous craigniez alors, doit encore être évitée, il faut que le Gouvernement de S. M. et ses Alliés reviennent sur leurs décisions et permettent aux Turcs de conserver dans leur domaine non seulement Constantinople, comme libre capitale de leur Empire, mais aussi « les pays riches et renommés de la Thrace et de l'Asie-Mineure où la race turque est prédominante». La population de la Thrace orientale, d'après le recensement officiel effectué, en 1914, pour des besoins d'ordre purement intérieur, ce qui le place absolument au-dessus de tout soupçon, donnait 360.000 Musulmans soit 57 % de la population totale, contre 224.000 Grecs, soit 32 1/2 %. De plus, il y a un élément bulgare considérable qui se résigne encore moins que les Turcs à la domination grecque. Ici on n'a même pas cherché à sauver les apparences d'une application du principe de la liberté des peuples à disposer d'eux-mêmes, car, sachant apparemment quel serait le verdict des peuples, les Principales Puissances Alliées n'ont pas eu recours au moindre plébiscite.

Dans votre entrevue avec la Délégation, tout en disant « qu'il était difficile d'obtenir des renseignements exacts au sujet de la Thrace » vous avez prétendu que vous aviez devant vous les recensements turc et grec, qu'il y avait peu de différence entre les deux et que d'après les deux recensements, la population musulmane de la Thrace était en minorité considérable et vous avez ajouté que si cela était vrai et si le principe de la libre disposition des peuples était appliqué, la Thrace entière devrait être enlevée à la domination turque. Quant à ceci, nous vous ferons d'abord remarquer que dans le discours que vous aviez prononcé à peine trois semaines auparavant, vous n'avez nullement laissé entrevoir qu'il pût y avoir le moindre doute que la race turque ne fût encore prédominante dans les populations de Thrace et d'Asie-Mineure. Secondement, nous ne savons pas comment il pourrait y avoir un recensement grec en un territoire encore turc; et le seul recensement dont votre secrétaire ait cité les chiffres était, ainsi qu'il l'a avoué lui-même, un recensement non seulement pour la Thrace turque mais aussi pour la partie de la Thrace bulgare cédée aux Alliés par le Traité de Neuilly « et datant d'un quart de siècle ». Depuis lors, ainsi que chacun le sait, il y a eu d'énormes fluctuations de populations et c'est l'élément turc qui a augmenté en raison de l'immigration de la Macédoine envahie. Il est également exact que M. Kerr a cité des chiffres d'après « les meilleures estimations que pouvait faire le Ministre des Affaires Étrangères » mais il refusé de nous fournir, sur les sources de ces estimations, et sur celles des déportations et des évictions grecques, la moindre indication qui pût nous permettre de juger de leur valeur. Nous prétendons que nous avons, en tout cas, le droit de savoir pour quelles raisons les chiffres sur lesquels votre garantie, du 5 janvier 1918, était basée ont été rejetés depuis.

Aujourd'hui, alors que la Turquie est menacée d'une guerre et quand la Grande-Bretagne risque d'acquérir, selon vos propres paroles « une réputation fatale » en trouvant de mauvaises raisons pour ne pas tenir sa parole, le moment venu, le minimum auquel les Musulmans ont droit, c'est un plébiscite en Thrace. Mais il faudrait que ce plébiscite fût fait dans des conditions qui ne laissassent aucun doute sur son impartialité, sur l'absence de toute contrainte, et nous insistons pour que la Commission chargée de ce plébiscite comprenne des représentants du *Congrès de Toute l'Inde pour la défense du Califat*.

Le cas de Smyrne est encore moins défendable, s'il est possible. La garantie donné pour Constantinople et la Thrace le fut aussi pour les « régions riches et renommées de l'Asie-Mineure » qui ne sont pas moins « l'ancienne Patrie des Turcs ».

Le recensement officiel de 1914 démontre que dans ces régions qui forment la plus riche province de l'Empire turc en Asie, il n'y a que 300.000 Grecs contre 1.125.000 Musulmans et que même dans le sandjak de Smyrne où les Grecs sont en plus grande proportion que partout ailleurs, il n'y que 218.000 Grecs contre 377.000 Musulmans. Les seuls chiffres que votre Secrétaire privé ait pu opposer à ceux-ci, les seuls qu'il ait pu fournir, étaient basés sur des « estimations américaines » à l'endroit desquelles nous n'avons pu obtenir de plus amples informations. Et si c'est là tout ce qu'on peut dire en faveur d'une telle injustice, il est évident que les Musulmans ne peuvent pas rester impassibles quand, d'après les termes de la réponse du Grand-Vizir de Turquie, il est permis aux Grecs de prendre l'Asie-Mineure à la gorge. Ainsi que l'a dit le Grand-Vizir, déposséder la Turquie de Smyrne équivaudrait à la priver de la moitié de sa valeur commerciale et agricole en Asie-Mineure occidentale, et aucune zone libre ne saurait la dédommager du tort qui lui serait causé en lui enlevant son riche patrimoine d'Asie-Mineure.

Vous avez déjà déclaré, en d'autres circonstances que vous ne vouliez pas qu'on étende l'application du droit des peuples à disposer d'eux-mêmes, « à toute parcelle, à toute localité de tout pays dans le monde » et si, comme vous le dites, on doit renoncer à appliquer un tel principe « en dehors des limites permises par le sens commun et la tradition », l'enclave qu'on se propose de faire passer sous la domination grecque et le vilayet de Smyrne ne doivent pas être traités de façon différente. De toute façon, les arrangements qu'on cherche à faire dans ce Traité apparaissent clairement injustes et iniques. Les Grecs n'ont même pas fait la guerre contre la Turquie et on les a invités à récolter les fruits de la Victoire, ce qu'ils ont fait de la façon la plus cruelle et la plus inhumaine, et leur occupation forcée de Smyrne, sous les auspices des Principales Puissances Alliées, a pris, d'après le rapport (qu'on a eu soin de supprimer) de la Commission Interalliée, « l'aspect d'une conquête et d'une croisade ». Et pendant que l'on se propose de soumettre en Arménie la majorité Musulmane à une minorité Chrétienne, et que l'on cherche à justifier cette mesure en accusant les Turcs et les Kurdes de cruauté, on laisse aux Grecs, qui se livrèrent à de révoltants massacres et à d'autres excès sous les yeux mêmes des Alliés à Smyrne, le soins d'administrer cette région, en abandonnant à la population la faculté « d'opter », cinq ans plus tard, en faveur d'une annexion à la Grèce, mais non pas en faveur d'un retour au Gouvernement turc!

En ce qui concerne l'Arménie, nous n'acceptons pas sans

réserve les accusations élevées contre la mauvaise administration turque, et nous regrettons vivement que vous ayez refusé d'accepter notre proposition d'une Commission Internationale où le Congrès de Toute l'Inde pour la Défense du Califat serait représenté dans de justes proportions. Elle aurait pu faire la première véritable enquête, ouverte à tous, sur ces accusations et donner, à la place de tout ce qui n'est que de la propagande intéressée, le verdict motivé du monde civilisé. Les Turcs eux-mêmes ont soumis cette proposition avec insistance, et nous ne pouvons pas déduire de cette mauvaise volonté des Alliés leur désir de faire éclater la vérité.

Cependant la Délégation verrait avec plaisir les nationalités non turques, si elles le désirent, obtenir, dans le cadre de l'Empire ottoman, toutes garanties d'une autonomie qui serait compatible avec la dignité d'un Etat souverain. La fidélité des Kurdes est restée entière, en dépit de tous les efforts intéressés qui furent faits pour les séduire et les détourner, de leur loyauté envers S. M. Impériale le Sultan ; et si les Chrétiens habitant la partie turque de l'Arménie ne voulaient pas consentir à un échange de la population musulmane contre la population chrétienne entre la Turquie et la République d'Erivan, ils pourraient être aussi effectivement protégés comme minorités, que les Indiens Musulmans l'ont été aux Indes. Après une étude attentive de l'histoire des perturbations en Arménie et de la paix qui y régnait avant que les intrigues du Tsarisme russe n'y jetassent le trouble, nous avons toutes raisons de croire que les Musulmans et les Chrétiens pourraient y vivre de nouveau en parfaite harmonie, mais à condition de mettre un terme aux ingérences intéressées de l'extérieur. Détacher une portion quelconque des quatre vilayets d'Erzeroum, Trébizonde, Van et Bitlis où les Musulmans sont au nombre de 2 millions 083.000, soit 80 % de la population totale, comme l'envisage le Traité, constituerait le plus injuste et le plus inique des procédés.

Cela donnerait toute raison de croire que des « buts d'ordre religieux » y sont incorporés, et que derrière cette effrayante agitation qui a été menée, et jamais contrecarrée, surtout en Grande-Bretagne, il reste encore beaucoup de ce « vieux préjugé chrétien contre le Croissant » qui, comme vous le disiez avec tant de justesse à la Chambre des Communes, au cours du débat sur Constantinople, serait funeste pour le Gouvernement britannique aux Indes.

D'ailleurs, étant donné qu'au cours de la guerre les Principales Puissances Alliées avaient décidé d'un commun accord, de remettre l'Arménie turque, non pas aux Chrétiens d'Arménie, mais au Gouvernement tyrannique et intolérant du tsar de Russie, il devient difficile aujourd'hui de convaincre une opinion impartiale, que dans les projets du Traité, en ce qui concerne l'Arménie, on a pris en juste considération les intérêts des Arméniens eux-mêmes.

En dehors des clauses territoriales du Traité qui cherchent à réduire l'Empire du Califat à des limites incompatibles à la fois avec le principe des nationalités et avec les exigences de la loi islamique, il y a des clauses politiques, militaires, navales et aériennes, des clauses financières et économiques, trop nombreuses pour être traitées en détail ici, qui visent, sans erreur possible, à détruire la force et l'indépendance qui sont indispensables et au maintien du Califat et à l'existence de la Turquie comme État souverain.

Après avoir réduit les forces armées du Califat d'une façon inouïe, les Principales Puissances Alliées ont imaginé, pour ce qui lui en est laissé, des contrôles et des surveillances auxquels jamais un Musulman ne voudra consentir.

Le préambule de la cinquème partie qui sert d'introduction à ces clauses, déclare que la Turquie s'engage à les observer strictement, « en vue de rendre possible la préparation d'une limitation générale des armements de toutes les nations ».

Mais, étant donné que les armements des Principales Puissances Alliées ont atteint de si vastes proportions, alors que tous les efforts de l'imagination, ne pourraient pas montrer dans les forces existantes de la Turquie, si elles étaient laissées intactes, le moindre obstacle à la préparation d'une tâche aussi louable que la limitation générale des armements, on aurait pensé que le premier pas vers cette réduction, qu'on exige de la Turquie, aurait été accompli par les Principales Puissances Alliées, avec leurs propres armements.

Et puisqu'elles ont trouvé qu'il ne convenait pas de le faire, il serait futile de leur part, de s'attendre à ce que les Musulmans du monde se résignent à la réduction des forces armées du Califat, puisque les proportions de ces forces, par rapport aux forces armées des autres pays, doivent toujours être telles, qu'elles puissent rassurer raisonnablement les appréhensions des Musulmans, en ce qui concerne la défense de leur foi. Et l'on ne peut raisonnablement pas supposer que les maigres forces que le Califat aurait la permission de garder soient de nature à calmer ces appréhensions : les Musulmans ne peuvent donc pas consentir à la réduction demandée.

Ils peuvent encore bien moins accepter le contrôle que les Alliés, d'après le Traité, pourraient exercer sur les forces du

Califat. Ce sont des conditions inadmissibles qui sont subversives, aussi bien pour l'institution islamique du Califat que pour l'indépendance de la Turquie en tant qu'Etat souverain.

Des dispositions analogues ont été insérées dans le Traité, en ce qui regarde les finances turques, et il est manifeste qu'elles ont été préparées, sans le moindre doute possible, dans le but de mettre fin à l'Empire du Califat en tant qu'Etat souverain.

Ce sont des mesures que les Musulmans de l'Inde ne seront jamais en état d'approuver et les seules conséquences pratiques qu'elles pourraient avoir, seraient d'annuler les devoirs de loyauté, qui jusqu'ici avaient été volontairement et solidement maintenus. Et comme il s'agit d'une question de foi, et d'obligations religieuses qui nous sont très chères, aucun compromis n'est à envisager, ainsi que nous l'avons déjà fait remarquer plus d'une fois.

Et c'est pourquoi, même à cette onzième heure, nous invitons solennellement le Gouvernement de Sa Majesté à modifier sa politique envers la Turquie, et ses intentions au sujet des mandats en Syrie, en Palestine et en Mésopotamie, qui font partie du Djéziret-ul-Arab. Toute tentative pour imposer l'application de ce traité ne peut qu'éloigner du Gouvernement, et si l'on insiste, en détacher pour toujours les Musulmans de l'Inde et avec eux le reste de leurs compatriotes Hindous.

Un programme de cessation progressive de toute coopération avec le Gouvernement a déjà été établi, commençant par le renoncement à tous les titres et honneurs conférés par le Gouvernement, et finissant par la démission de tous les fonctionnaires, y compris la police et l'armée et le refus de payer les impôts, cependant que les Musulmans se sont réservé — si ce système de non coopération échoue — le droit de prendre pour la défense de leur liberté religieuse, telles mesures que la loi de l'Islam peut leur ordonner ou leur permettre.

Déjà un grand nombre de Musulmans qui ne pouvaient pas, d'après leur conscience, s'accommoder de la sujétion à une puissance manifestant de la sorte son hostilité au Califat, ont émigré en d'autres pays, un plus grand nombre encore se prépare à les imiter. Nous n'avons pas à nous étendre sur les conséquences désastreuses, immédiates ou futures, qui résulteront de l'insistance à faire accepter ce traité, et c'est pourquoi, au nom de notre peuple, nous demandons instamment au Gouvernement de S. M. et à ses Alliés, le retrait du traité actuel et son remplacement pour un document plus équitable, plus conciliant et plus politique. Un traité qui respecterait les obligations religieuses du monde musulman et le sentiment national de l'Inde, un traité qui assurerait à l'Empire turc un Gouvernement viable, indépendant et souverain, serait le commencement d'une meilleure compréhension, consoliderait l'ancienne amitié entre les Alliés et la Turquie, pacifierait et rassurerait l'Islam.

C'est vers l'avenir, plutôt que vers le passé, que nos yeux devraient se tourner, et au lieu de lancer un défi au monde musulman, ainsi que le fait l'esprit de ce traité, on ferait bien mieux de grouper les forces de l'Islam dans l'intérêt du Progrès et de la Paix.

Il semble qu'en dépit d'avertissements nombreux et très significatifs, la gravité des conséquences à venir n'a pas encore été comprise. On met les Musulmans dans l'obligation de choisir entre l'obéissance aux commandements les plus catégoriques de Dieu et l'obéissance aux ordres de Gouvernements terrestres, et dans ce cas, il n'est donné aux Musulmans d'agir que selon le précepte de leur Prophète : « Aucune obéissance n'est due à une créature de Dieu, qui entraîne une désobéissance aux ordres du Créateur ».

Nous avons l'honneur d'être, Monsieur, vos très obéissants serviteurs.

MOHAMED ALI,
SYUD HOSSAIN,
SYED SULAIMAN NADVI,
ABUL KASEM,
Délégation de l'Inde pour le Califat.